Enrico Baccarini

La storia dimenticata dell'Ufologia italiana

I primordi del fenomeno nel periodo tra il 1950 e il 1964

Analisi Sociologica di un fenomeno di massa

INTRODUZIONE

Fin dalla più remota antichità, scrutando il cielo, abbiamo cercato di rispondere alle domande più profonde che la nostra mente ci potesse porre, osservando i suoi moti abbiamo indagato e cercato di tracciare i destini degli uomini nonché di anticipare le vicende della nostra storia. Millenni di progresso concretizzatisi nella lenta comprensione delle stelle e dei suoi moti, delle dinamiche celesti e delle meraviglie dell'universo. In queste incredibili acquisizioni qualcosa di anomalo si è manifestato ai nostri occhi, strani fenomeni che trascendevano le naturali manifestazioni e le possibili interpretazioni mistiche. Sognando le sue immensità l'uomo ha cercato di comprenderne i misteri venendo coinvolto in qualcosa che mai avrebbe immaginato, mai avrebbe potuto pensare di vivere.
È così che iniziò tutto, con una semplice osservazione della volta stellata. In ogni latitudine siamo stati testimoni e attori di qualcosa che avrebbe per sempre cambiato il nostro modo di considerare l a nostra specie e il suo posto nel cosmo. La storia dell'ufologia è qualcosa che trascende le normali classificazioni ed analisi storiografiche, modalità capaci di incasellare analiticamente e rigorosamente eventi e fatti, nomi e testimoni. La storia dell'ufologia in Italia, come nel resto del mondo, è qualcosa che si manifesta repentinamente poco più di sessant'anni fa, balzando alle cronache e sconcertando e atterrendo i suoi ignari testimoni. Delinearne una cronologia è fattibile, in quanto basata sulle analisi e le testimonianze di coloro che osservarono e studiarono il fenomeno, comprenderne la natura o l'antichità è invece qualcosa che non possiamo fare, ci è precluso. Una analisi retrospettiva ha permesso di delineare una *consecutio* storica del fenomeno, operando però a livello eziologico, desumendo cioè dai dati le possibili origini. In un vorticoso fluire di eventi, nomi, fatti e testimonianze ci troviamo oggi nel XXI secolo, frastornati da un incalzante fluire di informazioni e subissati da una cinematografia sempre prodiga di spunti ma spesso condizionante nelle trame. Gli UFO esistono, sono presenti da millenni nei nostri cieli, si manifestano e scompaiono entro piani che non ci è dato

conoscere ma attraverso modalità che il nostro raziocinio ci ha permesso di inquadrare e analizzare laddove possibile.
Ripercorrere la storia di questo fenomeno nel nostro remoto passato è quantomeno impossibile ma non lo è altrettanto dalla sua nascita ufficiale, il 1947, anno in cui siamo diventati finalmente padroni di una presa di coscienza globale della sua esistenza. Sessant'anni sono la storia di una vita, una crescita ovvero una esistenza come quella che molti uomini dedicarono alla sua comprensione. Un percorso difficile e tortuoso, spesso coronato da insuccessi o da visioni contrapposte ma altrettanto stimolato da qualcosa che, imperterrito, continuava a manifestarsi e a suscitare l'interesse di menti avide di conoscenza e di risposte.
L'ufologia contemporanea ha inizio negli anni '90, un periodo storico che è stato un bacino di fioritura entro cui la tematica ha visto uno dei suoi massimi storici di interesse pubblico, in cui le trasmissioni televisive iniziarono seriamente a documentarci su un fenomeno tanto affascinante quanto, sovente, relegato ad una piccola nicchia di appassionati del settore. A livello nazionale il fenomeno fuoriesce da quel limbo segregante che lo aveva per molto tempo relegato nel novero della tematiche 'oltre confine' se non vicino alle 'allucinazioni collettive'. Il fenomeno acquisisce una valenza ed una validità pubblica iniziando a riscuotere attorno al proprio fulcro un interesse sempre maggiore.
Valutare il presente comporta, però e necessariamente, una conoscenza e una analisi acritica del nostro passato, uno studio degli eventi per immagazzinarne una memoria storica che sia da insegnamento e stimolo per le generazioni future. Nei tempi moderni assistiamo ad una mancanza proprio di quella 'memoria storica' che ci permette di imparare dai nostri errori ma soprattutto di conoscere come il presente sia figlio di un passato spesso dimenticato. Ad accompagnare la storia dell'ufologia nel nostro paese ci sono personaggi, uomini o donne che hanno dedicato buona parte della loro vita cercando di studiare e comprendere il fenomeno, sperando un contatto o sognando un incontro. Nomi che per la gente comune non susciteranno nessuna sensazione ma che all'intero del variegato panorama ufologico richiamano alla mente ben altre emozioni e ricordi. Manca proprio questo nel nostro paese, una vera memoria storica, scevra da personalismi o associazionismi, una conoscenza

del fluire ed evolversi di una disciplina ancora tutta da scoprire e studiare. Purtroppo tale retaggio è andato in parte disperso, risultando ancor più carente in una sua visione generale e non partitica, una visione che ne abbracci le differenti vedute e l'alterno fluire.
Da tali basi abbiamo pertanto provato a ripercorrere le tappe fondamentali della ricerca ufologica italiana cercando di scrivere, con occhio il più possibile "imparziale" e privo di qualsiasi *fazionismo,* osservando esternamente il percorso che questa disciplina ha avuto nel corso degli anni. La valutazione cronologica e fattuale degli eventi è altra cosa da una loro interpretazione e analisi. I pareri e le opinioni possono essere personali o di gruppo, comunque soggettive, la storia è invece qualcosa di oggettivo ancor più perché, in questo caso, di "vincitori" non ce ne sono mai stati e mai ce ne saranno, nessuno quindi ha potuto riscrivere ciò che era stato e che era avvenuto. Lontano da qualsivoglia polemica sottolineiamo questo punto per cercare di rendere palese come non si possa a nessun titolo acclamare od ostentare alcun diritto di primogenitura. Tutti gli studiosi indifferentemente, ieri come oggi, hanno portato avanti lo studio di una fenomenologia, tutti hanno perorato una ricerca con direzioni e ideologie di fondo, pur se differenti, tese verso quell'unico scopo di comprendere il fenomeno UFO.

I PRIMORDI DELL'UFOLOGIA IN ITALIA

Rispetto allo scacchiere internazionale, in Italia, l'ufologia emergerà con almeno un decennio di ritardo rispetto ai clamori e ai fasti statunitensi, caratterizzandosi in maniera peculiare per quanto riguardò le sue organizzazioni civili. Risulta, pertanto, necessario ripercorrerne l'evoluzione e contestualizzarne con esattezza l'originalità in quelle generazioni di ufologi che si succedettero per comprendere al meglio le diverse caratteristiche, idee che sarebbero maturate nel corso dei decenni. Esistono poche indagini storiche sull'ufologia italiana, ancor meno *super partes.* Per comprendere al meglio la ricerca nel nostro paese è bene distinguere tre periodi evolutivi precisi entro cui il fenomeno si manifestò e connaturò. Il primo, tra i più interessanti, è quello che và dal 1950 al 1964, quattordici anni entro cui si delineeranno i primi approcci di ricerca ed in cui i primi ricercatori muoveranno passi importanti verso la comprensione di qualcosa di inesplicabile[1].

Non ci si illuda che il fenomeno nasca nella sua data di 'ufficializzazione pubblica', il 1947. La possibilità che potessero esistere altre forme di vita nel nostro universo non fu solamente un patrimonio della seconda metà del XX secolo. Tra i tanti già Giordano Bruno, nel suo *De infinito universo et mundi* aveva ipotizzato la presenza di altre forme di vita nel cosmo, ma se osserviamo i primordi del secolo scorso vedremo già come altri pensatori avessero dato alle stampe testi in cui si riteneva plausibile la vita su altri pianeti. Fin dall'antica Grecia la possibilità dell'esistenza di altri mondi abitati è stata una idea imperversante e pervasiva nel pensiero filosofico della nostra specie[2], subendo un arresto in quei secoli che videro il pensiero aristotelico imporsi

---

1 Il secondo periodo può essere identificato dal 1965 a tutti gli anni '80, identificandolo come *ufologia moderna*, mentre il terzo periodo percorre tutti gli anni '90 fino ad arrivare ai nostri giorni costituendo l'*ufologia contemporanea*.

2 Annibale Fantoli, *Extraterrestri*, Edizioni Carocci, 2008.

come unica fonte di verità teologica e sapienziale. Iniziando nell'antica Grecia con Leucippo e Democrito e passando per Bruno e Isaac Newton il passo per giungere al '900 è breve, ed in tutti i casi permeato dalla sottesa certezza 'di non essere soli' nel cosmo.

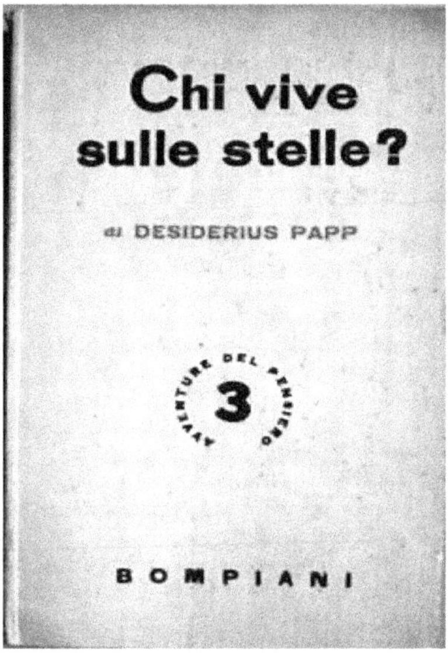

Un caso storico emblematico è quello presente nel libro scritto da un sacerdote, Don Carlo Fabani, e pubblicato nel 1902 dal titolo *'L'Abitabilità dei Mondi'*[3]. Un altro testo che affronta tematiche afferenti ai successivi campi dell'esobiologia e dell'ufologia è il volume stampato sempre in Italia nel 1935 da Desiderius Papp[4]. In entrambi i casi le visioni proposte sono figlie della loro epoca connaturate, quindi, su fondamenti scientifici e spesso ideologici non sempre corretti ma, altresì, direzionati verso una totale

---

3 Don Carlo Fabani, *L'Abitabilità dei Mondi*, Roma, Federico Pustet, 1902. 116 pp. I capitoli principali: Questioni del giorno - L'abitabilità dei Mondi e la Tradizione; Opinioni dell'Antichità; Progressi dell'Ottica; Comunanza dei primi elementi; La Vita sulla terra; Escursione nel nostro sistema planetario; E' necessario supporre forme d'organismi differenti dalle terrestri; Possibilità che molti Mondi siano abitati; Quegli esseri saranno intelligenti?; L'abitabilità dei Mondi e la Fede.

4 Desiderius Papp, *Chi vive sulle stelle?*, Bompiani, Milano, 1935.

chiarezza nel ritenere la nostra specie una tra le molteplici presenti negli infiniti anfratti del cosmo.

LE ORIGINI (1950-1964), UNA VISIONE D'INSIEME

Tutto ha inizio, ufficialmente, il 24 giugno del 1947 quando un giovane imprenditore di nome Kenneth Arnold osservò nel cielo prospiciente il Monte Rainer, nello stato di Washington (USA), una formazione di nove dischi librarsi silenziosamente nel cielo. Una testimonianza che trasporta un semplice uomo sulle copertine dei principali quotidiani del pianeta, catapultando un nuovo fenomeno del tutto inesplicabile verso il grande pubblico. Davanti ai media l'osservazione degli ignoti aeromobili non trova nessuna apparente spiegazione, iniziano quindi a susseguirsi i primi approcci interpretativi per cercare di comprenderne l'origine. Nel frattempo in tutto il mondo iniziano ad essere segnalati gli stessi oggetti volanti, differenti nella forma, ma uguali nelle manifestazioni. Per definire questi aeromobili sconosciuti viene coniato un neologismo *'Flying Saucer'*, piatti volanti, successivamente armonizzato nel più noto *'Dischi Volanti'*. Da quel momento i cieli di tutto il mondo si popolano di questi nuovi misteri dell'aria portando alcuni a ricordare come già durante il secondo conflitto bellico mondiale luci misteriose, denominate *Foo-Fighters*, si comportassero in maniera similare disturbando le manovre dei velivoli alleati. L'eco italiana sul fenomeno è minimale, poche e scarne informazioni giungono da oltre oceano e solo qualche curioso, o cultore di tematiche prevalentemente esoteriche, sembra interessarsi del fenomeno. Il Corriere della Sera del 9 luglio del '47 riporta un articolo, a firma Ugo Stille, dall'emblematico titolo "*Il Mistero dei Dischi Volanti, Arma segreta oppure fenomeno di suggestione collettiva? Un aviatore americano afferma di avere abbattuto uno degli ordigni*".

In questo momento storico l'ufologia è una disciplina che sembra rimanere legata strettamente ed esclusivamente ad isolati pionieri.

(NUOVO) CORRIERE DELLA SERA - 9 luglio 1947

Il mistero dei "dischi volanti,,

Arma segreta oppure fenomeno di suggestione collettiva? - Un aviatore americano afferma di avere abbattuto uno degli ordigni

Ugo Stille

Devono passare sette anni prima che, nel 1954, e a seguito di numerosi avvistamenti nei cieli italiani giunti ai clamori delle cronache, il pittore fiorentino **Ernesto Thayaht** concretizzi la propria 'curiosità' verso questo fenomeno iniziando a raccogliere minuziosamente avvistamenti e segnalazioni pubblicate dai quotidiani o reperiti attraverso contatti personali, ovvero nel mal celato intento di capire e comprendere cosa si nascondesse dietro queste curiose manifestazioni. Il '54 è un anno molto particolare, speciale sotto molti aspetti, generalmente considerato il primo *flap* (anno o periodo con una quantità elevata di osservazioni di Ufo) italiano sul fenomeno. In tutto il paese vengono osservati e segnalati aeromobili di ignota origine solcare un cielo fino ad allora teatro di un sanguinoso quanto esecrabile conflitto mondiale. Le spiegazioni si rincorrono ma nessuna sembra far giungere ad una risposta definitiva sull'origine di questi ignoti velivoli.

Una breve panoramica dei casi registrati fino a questo anno può far comprendere come questi animi solitari avessero potuto avvicinarsi allo studio del fenomeno, di come un interesse mediaticamente sempre più imperversante avesse spinto uomini comuni a cercare delle risposte e a trovare delle spiegazioni. Il primo grande caso registrato nella letteratura ufologica italiana avviene a Raveo, provincia di Udine, è il 14 agosto del 1947 e vede coinvolto il pittore e scrittore R.L. Johannis testimone di un incontro ravvicinato con umanoidi e Ufo al suolo con effetti fisici. Segue il caso di Fara del Cigno, Campobasso, del 3 aprile 1948 in cui Giuseppe Langiano diventa testimone e vittima di in un altro incontro ravvicinato del 3° tipo con un'entità apparentemente robotica. Il caso di Abbiate Guazzone, Varese, del 24 aprile 1950, vede protagonista invece Bruno Facchini, un operaio di uno stabilimento meccanico. Anche nel suo caso si ha un incontro ravvicinato del 3° tipo, con effetti fisici nonché il ritrovamento di residui metallici da fusione, successivamente analizzati da tecnici militari che li definiranno "scorie di un metallo antifrizione". Segue il caso di San Pietro a Vico, Lucca, del 25 luglio del 1952 in cui Carlo Rossi è coinvolto nell'osservazione ravvicinata di un disco volante del diametro di circa 25 metri che rimane sospeso a bassa quota e sembra intento a prelevare acqua dal fiume Serchio. Un caso ancora oggi emblematico avviene nel ghiacciaio Scerscen, nel gruppo del Bernina in provincia di Sondrio, il 31 luglio 1952. Giampiero Monguzzi e sua moglie Pinuccia Radaelli sono coinvolti nell'osservazione, e ripresa fotografica, di un disco volante sceso al suolo, fuori dal velivolo si trova il suo occupante, un essere che sembra indossare una tuta scafandrata.

Nle 1954 vengono registrati oltre 500 casi di avvistamenti UFO, tra tutti il più noto avviene a Cennina di Bucine, Arezzo, il 1 novembre 1954. una donna del luogo, la signora Rosa Lotti Dainelli, contadina di 40 anni si ritrova, mentre attraversava un campo per giungere alla Chiesa del paese, coinvolta in un incontro ravvicinato del 3° tipo con due esseri alti circa un metro assieme alla loro macchina volante romboidale scesa al suolo. Il 9 dicembre del '54 si registra il caso di Gricignano d'Aversa, Caserta, in cui testimone è Giovanni Aquilante, un contadino di 50 anni padre di otto figli, coinvolto in uno dei primi rapimenti, o abduction, da parte di due entità aliene, una di bassa statura e l'altra molto più alta, abbigliate con una veste multicolore "simile all'arcobaleno". Una menzione a parte merita l'eclatante caso occorso nella Città del Vaticano il 6 e 7 novembre del 1954. Numerosi passanti, tra cui l'autorevole Console Alberto Perego, osservarono una flotta di 40 dischi volanti manovrare nel cielo al di sopra della Santa Sede disegnando un'enorme croce greca.

All'interno di questo variegato susseguirsi di manifestazioni ed incontri Thayaht rimane affascinato dal fenomeno e dopo una attenta catalogazione e studio dei dati raccolti decide di dare vita alla prima associazione ufologica nel nostro paese, il **C.I.R.N.O.S.** (*Centro Indipendente Raccolta Notizie Osservazioni Spaziali*). Solo pochi anni dopo il Console Alberto Perego fonderà il suo **C.I.S.A.E.R.** (*Centro Italiano Studi Aviazione Elettromagnetica Roma*) ottenendo, dati i suoi alti incarichi diplomatici, la prima interrogazione parlamentare in materia di oggetti volanti non identificati nel 1957, e cercando di coinvolgere le istituzioni sul problema 'Ufo'. Siamo in un periodo di profondi mutamenti, un tempo in cui si avvicendano nuovi scenari geopolitici e socio-culturali a ritmi, forse, mai osservati prima. Il fenomeno dei Dischi Volanti non sembra lasciare indifferenti neanche le gerarchie vaticane, oltre quelle politiche, che iniziano ad affrontare la questione cercando di comprenderne le matrici e le valenze teologiche.

Il quotidiano 'Il Popolo', 10 agosto del 1952, pubblica un articolo dal titolo "*Teoria sull'esistenza dei 'Dischi Volanti'*", affiancandolo da un curioso sottotitolo che recita "*La vita sugli altri pianeti di creature dotate di ragione è una ipotesi ammessa da lungo tempo dai teologi cattolici*".

A distanza di pochissimo tempo, sempre nel '52, il gesuita padre Domenico Grasso, pubblica sulla rivista "*La Civiltà Cattolica*"[5] un articolo dal titolo '*La teologia e la pluralità dei mondi abitati*', sostenendo come di fronte alla scoperta di vita extraterrestre "*né il dogma né la teologia si troverebbero in difficoltà*" (p. 263) e come ad esseri ragionevoli, per quanto diversi da noi, si poteva certamente "*attribuire la definizione di uomo*" (p. 255). Un enorme passo avanti rispetto a posizioni diametralmente opposte, e intransigenti,

---

5 P. Domenico Grasso, *La teologia e la pluralità dei mondi abitati*, "La civiltà cattolica", 103 (1952), vol. IV, pp.255-265.

manifestate ufficialmente e fino a pochi anni prima dalle gerarchie cattoliche su questa tematica.

UN ARTICOLO DEL « CATHOLIC STANDARD »

Teoria sull'esistenza dei "dischi volanti„

La vita sugli altri pianeti di creature dotate di ragione è una ipotesi ammessa da lungo tempo dai teologi cattolici

WASHINGTON, 9

Il «Catholic Standard» organo settimanale dell'arcivescovado di Washington ha pubblicato un articolo del reverendo Francis Connel, decano dell'Università Cattolica di Teologia di Washington, che tratta della vecchia disputa teologica relativa all'esistenza di esseri umani sugli altri pianeti.

Riferendosi alla teoria, secondo la quale i dischi volanti possono venire da altri pianeti, il reverendo Connell ricorda che l'esistenza sugli altri pianeti di creature dotate di ragione è una ipotesi ammessa da lungo tempo dai teologi cattolici.

Sviluppando il suo pensiero, il reverendo Connel scrive in seguito che i principii della dottrina cattolica sono estremamente conciliabili con le più straordinarie ipotesi di vita razionale sugli altri pianeti. Esse sono:

1) Gli esseri degli altri pianeti hanno ricevuto da Dio un «destino soprannaturale», come quello di Adamo ed Eva prima che commettessero il peccato. Alla loro creazione essi sono stati dotati di qualità soprannaturali, per esempio, dell'immortalità del corpo e di un puro spirito. Successivamente essi hanno peccato come Adamo ed Eva ed hanno perso i loro attributi soprannaturali. E questo non è che il problema degli esseri umani trasportato puramente e semplicemente su un altro pianeta.

2) Le creature extra terrestri sono state create da Dio allo «stato di natura» vale a dire, a differenza di Adamo ed Eva prima del peccato, senza alcune degli attributi soprannaturali contenuti nella prima ipotesi. Dopo la loro morte essi conosceranno l'eterna felicità, senza tuttavia avere la possibilità della visione di Dio. La loro sorte è, pertanto, quella dei bambini morti senza Battesimo.

3) Gli esseri extra terrestri hanno ricevuto da Dio gli stessi doni naturali di Adamo ed Eva, ma non hanno commesso peccato. Essi vivono dunque in condizioni paradisiache e possono essere da lungo tempo padroni di tutte le scienze di cui gli uomini di questa terra vanno così orgogliosi. E' ragionevole supporre che essi siano molto più progrediti di noi e che viaggi interplanetari non presentino alcuna difficoltà per loro. Se poi si considera che essi dispongono, come Adamo ed Eva prima del peccato originale, dell'immortalità del corpo, ne consegue che è assolutamente inutile attaccarli con i caccia a reazione o

"Il Popolo" del 10 agosto 1952

È bene ricordare come già Nicolò Cusano, filosofo e vescovo di Bressanone, avesse sostenuto[6] la possibilità che altri corpi celesti potessero ospitare la vita intelligente. Padre Grasso ricorda come per alcuni soggetti la possibilità di credere in esseri viventi fuori dalla Terra potesse minacciare la religione cristiana, citando a questo proposito una lettera dell'abate Giovanni Ciampoli a Galileo Galilei e una di padre Le Cazre a Gassendi. Padre Grasso ribadiva come con il tempo "*i teologi si accorsero che né la teologia né il domma avevano nulla da temere da un'ipotesi così ardita*". E' l'inizio di un'epoca in cui la consapevolezza di una presenza estranea nei nostri cieli non si espande solo tra la gente comune ma ancor più viene studiata, analizzata e vagliata dalle più alte sfere religiose e politiche.

---

6 Si veda a questo riguardo Niccolò Cusano, *De docta ignorantia*, II, 12.

Certamente gli ambienti ecclesiastici, e alcuni dei suoi esponenti, non furono del tutto indifferenti a questa nuova situazione. Come affermavamo precedentemente l'articolo del 1952 di Padre Domenico Grasso, si era trasformato in un vero e proprio spartiacque teologico/culturale sul fenomeno, ancor più a seguito di quanto riportato nel testo stesso dell'articolo. "*Quando un terrestre entrerà in contatto con esseri di altri mondi, come lui composti di un principio spirituale (l'anima) e di un principio materiale (il corpo), deve tener presente che questi esseri non farebbero certo parte della famiglia umana, che ha in Adamo il suo capostipite, non essendo possibile spiegare la loro origine come dovuta ad una emigrazione di uomini terrestri. Di conseguenza non avrebbero il peccato originale, almeno quello commesso da Adamo e che si trasmette per via di generazione ai suoi discendenti, né sarebbero stati redenti, almeno direttamente dal secondo Adamo, Gesù Cristo, venuto in terra per riparare la colpa originale e restituire agli uomini la Grazia Santificante, della quale erano stati privati per il peccato dei progenitori. L'ordine attuale della Provvidenza, nei riguardi dell'umanità, s'incentra su questi due avvenimenti: il peccato originale e la redenzione……Gli abitanti di altri mondi sono fuori di quest'ordine di Provvidenza, appunto perché non provenienti da Adamo, e, quindi, non soggetti alla sorte sua e dei suoi discendenti. Per essi Dio ha concepito ed attuato un piano di fini e di mezzi al fine, diverso dal nostro: uno dei tanti piani possibili nei riguardi delle creature intellettuali. Quale esso sia, non sappiamo. Solo una rivelazione divina ce ne potrebbe informare*". Una nuova luce dopo

SPAZIO
I Paesi dell'ONU
invitati a dire la verità
sui Dischi Volanti
13 oggetti ignoti al giorno sull'Artide
Varata la quarta Luna USA
GRAZIE
URGENTE

secoli di buia condanna rispetto alla possibile esistenza di altri mondi abitati[7].

Nel luglio del 1954, a Bonn, si era invece svolto un meeting di teologi e sociologi in cui si era ampiamente parlato della vita extraterrestre. In quell'occasione uno dei partecipanti, il reverendo protestante padre Philipp Dessauer aveva dichiarato "*Le prove raccolte finora in merito ai dischi volanti sembrano dimostrare con sufficiente certezza che da otto anni la Terra è oggetto di osservazioni da parte di esseri ragionevoli provenienti da un altro pianeta. Questi esseri devono essere considerati alla stregua di persone dal punto di vista fisico e alla stregua di creature di Dio dal punto di vista teologico. Se un giorno fosse possibile prendere contatto con questi esseri, si produrrebbe l'evento più drammatico della storia umana. È dovere dei governi preparare gli uomini all'eventualità di un tale incontro*".

La Chiesa aveva già preparato un terreno di dialogo e confronto verso questa nuova realtà. In ambito laico italiano, intanto, le citate associazioni iniziavano a produrre documentazioni rigorose e analitiche sulla reale presenza nei nostri cieli di un fenomeno di matrice ignota, una 'anomalia' la cui unica spiegazione sembrava essere, quasi unanimemente, l'origine extraterrestre.

In Italia, nel frattempo, schiere di curiosi ed appassionati si stanno interessando ad un fenomeno sempre più globale ed incontrollabile.

Il nostro paese si trova anche in un periodo contraddittorio dove i pochi appassionati affastellano con variegate ipotesi, talvolta disomogenee e spesso originali, lo scacchiere.

TEMPO

L'aviazione americana

DA' LA CACCIA AI DISCHI VOLANTI

Di fronte a un possibile pericolo dal cielo il Servizio Informazioni aereo degli Stati Uniti ha iniziato con mezzi nuovi la ricerca scientifica per scoprire se si tratti di inganno di natura o di opera dell'uomo

Un articolo del periodico "Tempo" numero 28, del 5 luglio 1952

---

7 La pena di morte emessa contro Giordano Bruno vedeva proprio, tra i vari capi d'imputazione, la stesura del libro *De infinito universo et mundi*, un libro in cui si parlava della pluralità di mondi abitati.

Una segmentazione ideologica che inizierà ad unificarsi nel 1963 quando si costituirà il primo spazio di confronto attraverso la creazione della prima rivista ufologica italiana denominata *Clypeus*[8], fondata e diretta da Gianni Settimo.
Qualche anno prima, nel maggio del 1958, sono invece gli sforzi del ricercatore romano **Francesco Polimeri**, a portare alla nascita della storica rivista "**Spazio e Vita**", un mensile in formato tabloid composto da otto facciate ed interamente dedicato al fenomeno UFO e alle nuove tematiche di frontiera. Pochi anni, seguiti dal flap del '54, che vedono l'esplosione nel nostro paese del fenomeno.
Nel primo numero della rivista *Spazio e Vita*, oltre a numerose cronache di avvistamenti riferite ai dischi volanti, con relative riprese fotografiche articoli ed interviste, figura l'annuncio della costituzione, dal dicembre del 1957, del **C.S.R.S.**, il *Centro Studi e Ricerche Spaziali*.
Il terzo centro di ricerca italiano composto da tre sezioni; astronomia, astronautica ed ufologia, dirette rispettivamente dal geometra Aldo Turiano, da Giuseppe Pappalardo e da **Eugenio Siragusa**.
Quest'ultimo personaggio, in epoca successiva, si separerà dal gruppo per fondare il suo *Centro Studi Fratellanza Cosmica* (**C.S.F.C.**), chiuso il 17 agosto del '78 dopo aver dichiarato di aver terminato il compito per cui era stato fondato, ma tempestivamente trasformato nel gruppo *Nonsiamosoli* da Giorgio Bongiovanni, ben presto non più riconosciuto nella sua nuova veste dal Siragusa e 'ripudiato' definitivamente pochi anni prima della sua morte.

---

8 In Internet è consultabile il sito di questo gruppo, www.clypeus.it.

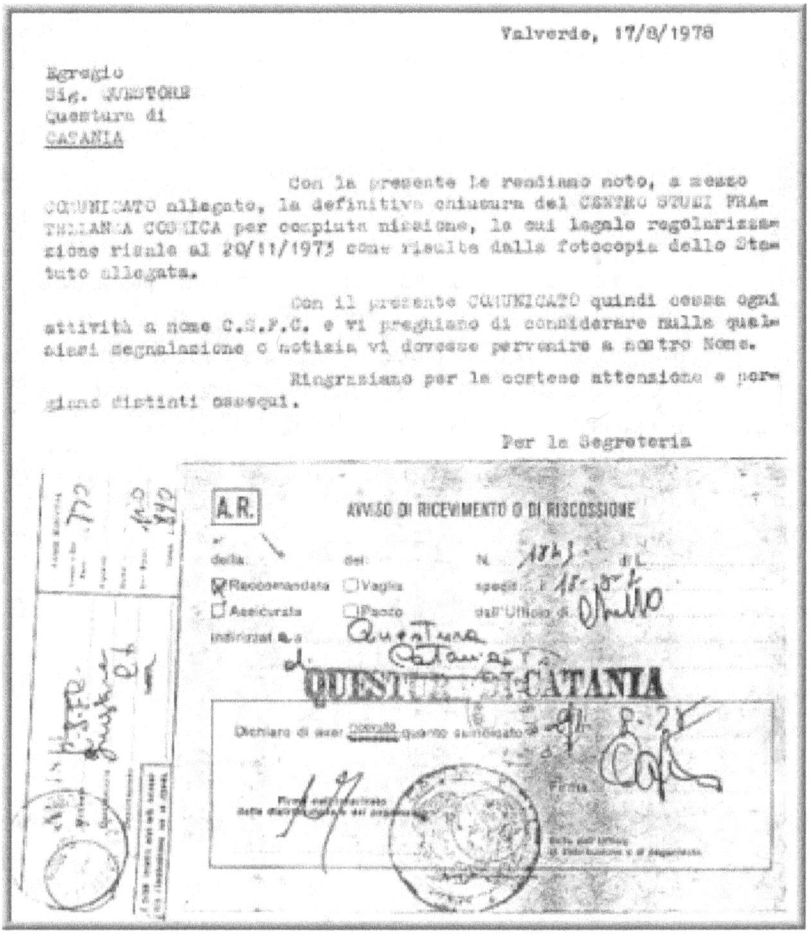

Valverde, 17/8/1978

Egregio
Sig. QUESTORE
Questura di
CATANIA

Con la presente Le rendiamo noto, a mezzo COMUNICATO allegato, la definitiva chiusura del CENTRO STUDI FRATELLANZA COSMICA per compiuta missione, la cui legale regolarizzazione risale al 20/11/1973 come risulta dalla fotocopia dello Statuto allegata.

Con il presente COMUNICATO quindi cessa ogni attività a nome C.S.F.C. e vi preghiamo di considerare nulla qualsiasi segnalazione o notizia vi dovesse pervenire a nostro Nome.

Ringraziamo per la cortese attenzione e porgiamo distinti ossequi.

Per la Segreteria

A.R. AVVISO DI RICEVIMENTO O DI RISCOSSIONE

QUESTURA DI CATANIA

La lettera datata 17 agosto 1978 e indirizzata a al questore di Catania in cui Eugenio Siragusa dichiara ufficialmente chiuso il Centro Studi Fratellanza Cosmica

Se la politica e la Chiesa Cattolica si interrogano su questo fenomeno non sembrano esserne meno affascinati eminenti personaggi del mondo della cultura e della scienza. E' il caso di uno dei più grandi psicologi e psichiatri mai esistiti, Carl Gustav Jung. Per quanto poco noto, in ambito ufologico il grande psicologo è famoso per aver dedicato al fenomeno uno dei suoi ultimi libri intitolando "*Su cose che si vedono in cielo*", editato proprio nel 1958. Secondo gli appartenenti al filone ufologico definito 'scettico', Jung in questo suo libro[9] aveva affermato che gli avvistamenti dei "dischi volanti" fossero da addebitare ad un "mito moderno" creato dall'inconscio collettivo nonché da archetipi senza tempo, attraverso immagini unificatrici a scopo rassicurante. Stranamente questa stessa categoria di studiosi non citava l'ultimo capitolo dello stesso libro in cui Jung, dopo aver proposto alcune spiegazioni psicologiche per interpretare il fenomeno, affermava che le sue precedenti asserzioni non si riferivano a tutti gli "UFO". Oltre le spiegazioni plausibili, secondo Jung, esisteva un'altro fenomeno del tutto inspiegato ed inspiegabile la cui unica interpretazione logica era quella che chiamava in causa le manifestazioni di un fenomeno tangibile di origine extraterrestre. A riprova di quanto affermato *L'Europeo* numero 669 del 10 agosto 1958 riportava un'intervista a Jung in cui lo studioso affermava che i "*dischi volanti sono reali e non sono spiegabili con fatti psicologici collettivi*".

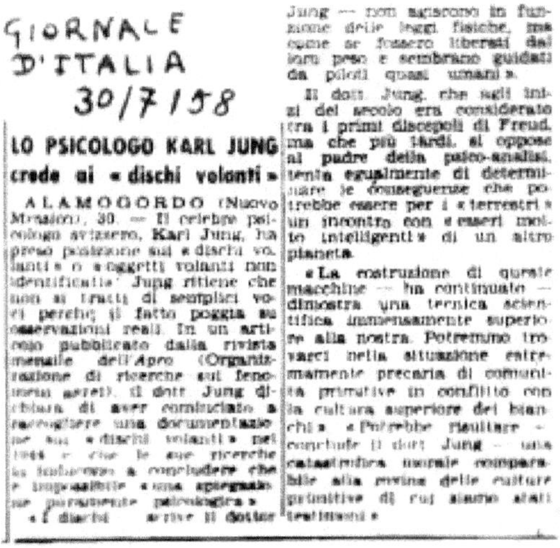
GIORNALE D'ITALIA 30/7/58

LO PSICOLOGO KARL JUNG crede ai «dischi volanti»

ALAMOGORDO (Nuovo Messico), 30. — Il celebre psicologo svizzero, Karl Jung, ha preso posizione sui «dischi volanti» o «oggetti volanti non identificati». Jung ritiene che non si tratti di semplici visioni perchè il fatto poggia su osservazioni reali. In un articolo pubblicato dalla rivista mensile dell'Apro (Organizzazione di ricerche sui fenomeni aerei), il dott. Jung dichiara di aver cominciato a raccogliere una documentazione sui «dischi volanti» nel [illegible] e che le sue ricerche lo [illegible] a concludere che [illegible] «una spiegazione [illegible] psicologica». «I dischi [illegible] il dottor Jung — non agiscono in funzione delle leggi fisiche, ma come se fossero liberati dal loro peso e sembrano guidati da piloti quasi umani».

Il dott. Jung, che agli inizi del secolo era considerato tra i primi discepoli di Freud, ma che più tardi si oppose al padre della psico-analisi, tenta egualmente di determinare le conseguenze che potrebbe essere per i «terrestri» un incontro con «esseri molto intelligenti» di un altro pianeta.

«La costruzione di queste macchine — ha continuato — dimostra una tecnica scientifica immensamente superiore alla nostra. Potremmo trovarci nella situazione estremamente precaria di comunità primitive in conflitto con la cultura superiore dei bianchi». «Potrebbe risultare — conclude il dott. Jung — una catastrofe morale comparabile alla rovina delle culture primitive di cui siamo stati testimoni».

Un ritaglio di giornale dall'Archivio del Console Perego

L'Europeo, numero 669, 10 agosto 1958

---

[9] Carl Gustav Jung, *I Dischi Volanti: Un mito moderno su cose che si vedono nei cieli*, 1991, Princeton, Bollingen.

Il 1959 è anche l'anno in cui il contattista americano **George Adamski** giunge in Italia grazie all'interessamento del Console Alberto Perego. La sua presenza a Roma è anzitutto voluta per la partecipazione ad una conferenza pubblica tenutasi presso l'Auditorium di Palazzo Marignoli e alla quale assistette anche il ricercatore romano Francesco Polimeri ideatore e direttore del già citato mensile 'Spazio e Vita' nato nel maggio dell'anno precedente e che già nel dicembre del '59, dopo appena un anno d'attività, chiudeva per difficoltà economiche.
Per quanto di breve durata il giornale, nel suo ultimo numero, ospitò un articolo di Polimeri dal titolo "A colloquio con George Adamski".
Ecco alcuni passaggi chiave del testo, contenuti nel paragrafo "Le religioni e lo Spazio", scritto dallo stesso Polimeri: «*Adamski, anche lui cattolico, mi ha fatto un'interessante rivelazione: anni fa fu avvicinato da esponenti della Chiesa Anglicana, che presero da lui ampie informazioni sui suoi straordinari contatti con extraterrestri. Inoltre lo stesso Adamski è in contatto con varie autorità cattoliche degli Stati Uniti, che sono perfettamente convinte della verità delle sue asserzioni. "Certo - conclude - la prima chiesa che rivelerà ufficialmente al mondo la verità dei mondi abitati, si guadagnerà lo stragrande consenso delle masse: perché i mondi SONO veramente abitati [...] Se una chiesa, qualunque essa sia, avrà dichiarato in precedenza qual è la realtà dei cieli, i giovani continueranno a dare ad essa la loro fiducia. E che ne sarà di quei culti ufficiali che hanno ignorato il messaggio di tutti quegli uomini che hanno avuto contatti con la gente dello spazio? Se fossi un 'autorità religiosa mi affretterei a precedere le altre chiese nel rivelare al pubblico la verità, che già serpeggia in mezzo alle masse... Giacché, come le nazioni della terra fanno la corsa allo spazio, anche le religioni più sveglie, non appena cominceranno ad aversi, nelle comunicazioni ufficiali dei governi, i primi sentori velati di una vita constatata nello spazio, le religioni più sveglie, dico , faranno tra di loro la gara al cielo, faranno a chi ne sa di più... faranno a chi annuncia prima, chi spiega prima che spazio e cielo sono la stessa cosa, e che gli angeli del linguaggio sacro sono la versione sommaria, con cui passarono alla storia, in tempi remoti, uomini di civiltà superiore, che visitavano la terra provenendo da altri mondi, uomini inoffensivi, uomini che insegnavano, uomini che in ogni tempo sono saliti e scesi dal cielo, dagli spazi. Si, beata quella religione che si sveglierà per prima a dir questo alle masse... Di essa sarà la gioventù. I giovani volteranno le spalle a quei preti che non li avranno istruiti sulle cose del cielo. Diserteranno le loro chiese, si rivolgeranno*

alle chiese sveglie: a quelle chiese, cioè, che avranno dimostrato di essere quello che devono essere: scuole, fonti di verità per le masse».
Una testimonianza storica che incitò gli animi di molti appassionati direzionandoli verso una ricerca più rigorosa sul fenomeno nonché nutrendo in loro la speranza di poter entrare in contatto con gli occupanti di questi velivoli. Solo analizzando i due padri storici dell'ufologia italiana, Thayaht e Perego, possiamo però comprendere appieno la storia e l'evoluzione di questo fenomeno nel nostro paese.

ERNESTO THAYAHT E IL C.I.R.N.O.S., ARTISTA E PIONIERE DELL'UFOLOGIA ITALIANA

Ernesto Michahelles (Firenze 1893 - Pietrasanta/Lucca 1959), o Micaelles, in arte Thayaht, o Thayat pur se lui preferiva la prima dizione perchè palindroma cioè leggibile da sinistra a destra e da destra a sinistra, fu scultore, pittore ed orafo di matrice futurista. Fu un artista estremamente eclettico, poliedrico ed innovatore, un antesignano di nuove sensibilità. La sua opera si distinse per le linee e le forme sintetiche, un tratto unico che attraverso una precisa geometria espresse una squisita eleganza. Nel 1954 fonda la storica associazione **C.I.R.N.O.S.**, acronimo per *Centro Indipendente Raccolta Notizie Osservazioni Spaziali*, la prima realtà italiana di matrice scientifica e civile per lo studio del fenomeno UFO con sede presso la sua residenza estiva a Marina di Pietrasanta.
Nel 1955 pubblica un primo rapporto sugli avvistamenti UFO in Italia, e nel 1958 il secondo rapporto in cui denuncia il moltiplicarsi del fenomeno degli avvistamenti in Italia e nel mondo.
Il CIRNOS, nasceva a Marina di Pietrasanta ben 55 anni fa, in località Fiumetto una piccola realtà sui lidi della Versilia. L'idea e la volontà di Thayaht si originano e prendono spunto dai numerosi casi di avvistamenti UFO occorsi in Italia ai primordi degli anni '50. La vicina Francia era stata teatro di numerosi eventi ufologici culminati nella pubblicazione, nel 1958, del libro dell'Ingegnere Aimé Michel dal titolo *Mystérieux Objets Célestes*, sui

casi verificatisi nell'autunno del '54 sul suolo francese. Michel era stato il teorizzatore dell'ortotenia[10] nonché tra i primi studiosi europei a dare una valore scientifico e rigoroso alla tematica UFO . L'ondata e la casistica francese avevano avuto una vasta eco in territorio italiano al punto che la stessa stampa iniziò ad interessarsi al fenomeno soprattutto dopo una massiccia ondata (nella terminologia ufologica definita *flap*) verificatasi tra il marzo e il maggio del 1952. Una presenza massiva poco successiva alla prima interpellanza parlamentare ufologica datata 8 luglio 1950 del socialdemocratico, e Senatore, Piemonte, sottosegretario alla Difesa del Ministro Vaccaro.
Tra l'aprile e il novembre di quell'anno gli avvistamenti italiani continuarono in grande stile. Il Console **Alberto Perego**, nel frattempo, raccoglieva parallelamente una voluminosa mole di dati e segnalazioni che attirarono l'interesse dell'allora Ministro degli Esteri Martino, del Ministro alle Finanze Giulio Andreotti e del Presidente del Consiglio Supremo della Difesa Giovanni Gronchi. L'autunno del '54 presentò il primo flap italiano, circa 518 avvistamenti, destinato a smuovere gli interessi e le acque nello scacchiere italico (si ricordi lo storico caso del 27 ottobre del 1954 allo stadio Artemio Franchi di Firenze). Il fermento di idee originatosi da questo nuovo fenomeno coinvolse schiere di individui che in tutto lo scacchiere iniziarono a dibattere la tematica.
Thayaht, pioniere dell'ufologia italiana nasce a Firenze da una famiglia di origine anglo-svizzere nel 1883. Dopo alcuni anni dedicati ad un personale processo di formazione in ambito internazionale, diventerà molto noto per la sua attività di artista, pittore, stilista, designer, scenografo, nonché come inventore della "Tuta", ancora oggi capo di abbigliamento imprescindibile per schiere di sportivi o amanti della comodità. Dal 1919 il suo ingegno sarà prestato per diverse case di moda e riviste di settore, nel 1924 vincerà il *Concorso Nazionale di scenografia moderna.* L'acme della sua carriera di artista viene raggiunta quando, negli anni '30, partecipa a diverse mostre futuriste in cui riscuote un notevole

---

10 Indicante l'apparente tendenza degli UFO a manifestarsi, nel corso di una "ondata", lungo corridoi rettilinei e quindi secondo un assetto intelligente e preordinato di carattere ricognitivo, quindi non casuale

successo nonché alla prima quadriennale romana e alla Biennale di Venezia, dove espone sia come pittore che come scultore.
Thayaht è interessato a tutte le forme d'arte legate alla vita quotidiana e allo spettacolo, questo lo avvicina inesorabilmente ai più alti esponenti del mondo futurista come Marinetti. Dopo la vita pubblica decide, verso la metà degli anni '30, di portarsi lontano dalla scena e dai riflettori, immergendosi in studi filosofici e scientifici e in ricerche di confine come quella sugli UFO che ben presto lo condurranno alla costituzione del C.I.R.N.O.S.
Obiettivo primario del Centro fu quello di creare un catalogo accurato degli avvistamenti ufologici nonché di applicare ai dati raccolti una rigorosa analisi statistica. Thayaht fu sempre studioso integerrimo e metodico nelle sue analisi, denotando fin da subito una visione extraterrestrialista per l'origine del fenomeno UFO. A questo si aggiunsero la serietà e l'obiettività che lo condussero ben presto a riceve la stima dei più importanti centri di ricerca stranieri. Fu proprio a seguito di questo periodo che, dopo solo un anno dalla fondazione del CIRNOS, Thayaht darà alle stampe una relazione in cui esporrà ben 120 segnalazioni di avvistamenti occorsi in 82 diverse zone d'Italia. Come nel caso del Console Perego buona parte dei casi erano stati desunti da articoli di giornale e riviste ma anche grazie all'apporto di privati cittadini che avevano implementato i suoi archivi.
Thayaht, antesignano anche in questo, aveva creato apposite schede da compilare in caso di avvistamenti UFO. Nel 1958 vede le stampe una seconda pubblicazione ufologica, ancora più analitica e dettagliata rispetto a quella del '55. La formazione che Thayaht si era creato con i suoi anni di studio, anche in campo parapsicologico, lo portano ad identificare due matrici principali nel fenomeno, da lui definite " **effetto psi** " ed " **effetto sigma** " . L'*effetto PSI* si originerebbe in un presunto contatto telepatico fra il testimone e l'UFO , è il caso che porta il soggetto ad alzare lo sguardo nel punto in cui si trova l'oggetto accorgendosi della sua presenza. Potremmo definirlo quasi un richiamo indotto che permette all'evento di avere contingenza sul piano materiale. Nel caso dell'*effetto SIGMA* si parla invece di interferenze sui circuiti elettrici delle automobili, sulle bussole ovvero su qualsiasi apparato entro cui fenomenologie

elettromagnetiche possono interferire. Thayaht morì inaspettatamente nel 1959, lasciando un vuoto incolmabile all'interno del panorama artistico e ufologico nazionale ed internazionale. Nel settore che gli fu più caro negli ultimi anni della sua vita, il suo testimone venne preso dal già citato **Console Alberto Perego** figura altrettanto di spicco in una tematica tanto giovane quanto già profondamente vessata.
La biblioteca di Thayaht è rimasta invece patrimonio del figlio adottivo, ed oggi di sua nipote. Circa 5000 documenti, un archivio unico per i suoi tempi, ineguagliabile per l'epistolario che contiene, manoscritti e lavori che sono rimasti cristallizzati nel tempo e aspettano solo di essere riscoperti e svelati al mondo. Thayaht fu un uomo eclettico, un artista poliedrico, uno studioso indefesso. Se la ricerca sul fenomeno UFO ha raggiunto oggi una certa caratura e popolarità è solo grazie al suo operato, agli sforzi che seppero accompagnarlo nella ricerca e nella comprensione di un enigma senza tempo ovvero al sogno che permise alla sua arte di guidarlo verso il cielo più profondo e i suoi misteri più reconditi.

IL CONSOLE ALBERTO PEREGO

Un capitolo a parte della storia ufologica italiana deve essere necessariamente dedicato al Console Alberto Perego, personaggio che dopo Thayaht, diede una valenza e una serietà al fenomeno tali da condurlo in un'ottica rigorosa fino ai giorni odierni. Oggetto di questo libro, e del Progetto Perego che lo vede come protagonista, in questa nostra esposizione non ci soffermeremo troppo sulla sua figura, anzitutto per non ripeterci in rapporto al lavoro svolto da Ivan Ceci ma ancor più per lasciare al lettore più spazio nell'intera opera per comprenderne i sentimenti e analizzarne gli studi.
Parlando del Console Alberto Perego non si può non osservare come, anche in questo caso, il suo lavoro pionieristico si sia trasformato fin da subito in un brodo primordiale da cui si

sarebbero sviluppate tutte le successive direttrici per lo studio degli UFO. Ancor più notabili saranno i suoi libri, veri best seller in cui già si delineavano probabili spiegazioni dietro la natura e il funzionamento di questi velivoli. "*Svelato il mistero dei dischi volanti. Rapporto sulla aviazione elettromagnetica*", (1957) sarà il primo dei libri del Console Perego, un saggio innovativo ed esaustivo, che mette in relazione diretta i più significativi eventi UFO con le scelte politico-militari a livello nazionale ed internazionale. Dopo solo un anno il Console Perego pubblica il suo secondo libro, dal significativo titolo: "*Sono extraterrestri! Il piano operativo dell'aviazione elettromagnetica 1944-1958*". Seguiranno il famoso "*Rapporto Perego: L'aviazione di altri pianeti opera tra noi*", del 1963 e l'ultimo libro "*Gli Extraterrestri sono tornati*", del 1970. Questo ultimo testo avrebbe dovuto intitolarsi "*Dirò Tutto*" ed era già stato progettato ai tempi dell'uscita del famoso *Rapporto.* Di questo emblematico ed iniziale titolo rimase però solo un capitolo interno al volume. Rimane un ultimo testo che non vide mai le stampe e di cui è scomparsa ogni traccia. Un libro che forse avrebbe segnato un ulteriore passo avanti nella comprensione del fenomeno ma che il destino ha voluto celare ai nostri occhi.
Non è difficile però oggi ipotizzare quali fossero i suoi contenuti e tanto più le rivelazioni che il Console avrebbe potuto presentare ai suoi lettori. Da recenti pubblicazioni[11] si apprende, infatti, che Perego fu parte in causa di un curioso 'cenacolo' conosciuto sotto il nome di *Amicizia.* Al suo interno il Console non ebbe un ruolo di primo piano ma fu parte attiva in alcune sue parti avendo conosciuto molto bene buona parte dei suoi aderenti.
Da Bruno Sammaciccia, leader storico del gruppo *Amicizia*, al giornalista Bruno Ghibaudi fino a giungere all'artista milanese Gaspare De Lama (a cui Perego offrì la codirezione del CISAER mai realizzatasi in quanto avrebbe richiesto uno spostamento in quel momento non possibile di De Lama a Roma) il Console ebbe rapporti con questi personaggi venendo altresì coinvolto in alcuni loro incontri e riunioni.

---

[11] Stefano Breccia, *Contattismi di Massa*, Nexus Edizioni, 2007.

ALTRE PUBBLICAZIONI DI ALBERTO PEREGO

RAPPORTO SULL'AVIAZIONE ELETTROMAGNETICA
(*Svelato il mistero dei dischi volanti*) Roma, 1957 (esaurito)

« SONO EXTRATERRESTRI ! » (Roma, 1958) (esaurito)

« DIRÒ TUTTO » (in preparazione)
(*Le prenotazioni si ricevono presso le edizioni CISAER*)
(*Sconto del 30% ai prenotatori*)

EDIZIONI DEL CENTRO ITALIANO STUDI AVIAZIONE ELETTROMAGNETICA
VIA FAURO 43 — ROMA

Nella terza pagina del 'Rapporto Perego' (1963) compaiono alcuni libri pubblicati dal Console assieme all'inedito 'Dirò Tutto'.

Che il Console Alberto Perego fosse un uomo davvero eccezionale, intelligente quanto dotato di uno spirito dai vasti orizzonti, è indubbio. Già negli anni '50 aveva compreso ciò che oggi molti altri ricercatori ed ufologi in tutto il mondo vanno affermando, lungimiranza che ci viene testimoniata da ciò che lo stesso Console afferma nell'introduzione al suo secondo scritto, di cui riportiamo il punto più interessante "*Dal 6 novembre 1954 ho consapevolmente affrontato il discredito, l'ironia degli irresponsabili, e sacrifici ed umiliazioni di ogni genere per informare il mio paese di questa "nuova realtà". Gli apparecchi misteriosi che moltissimi tra noi hanno visto nel cielo e che ci osservano, sono extraterrestri! Noi stessi, in quanto discendenti di questi piloti che già in tempi antichissimi colonizzarono la Terra, siamo di origine extraterrestre. Ne consegue che non si può più 'morire' per il petrolio o per l'uranio, quando fonti di energia nuovissime sono intorno a noi, non ancora sfruttate. È questo, dunque, il problema capitale del nostro tempo, che va esaminato realisticamente e discusso ufficialmente. Ignorarlo, o fingere d'ignorarlo, è, ormai, assurdo. Proprio per "volerlo" ignorare ufficialmente, siamo giunti all'attuale caotica situazione: alla soglia della guerra atomica…* ". Ciò che stupisce ancora oggi nella lettura dei libri di Perego è l'estrema modernità dei concetti espressi, la cristallinità dell'esposizione, l'onestà intellettuale che il Console rivolge ai suoi lettori. Una 'modernità' che non ha niente da invidiare ai moderni libri sull'argomento. Molti sono i punti interessanti e le informazioni 'velate' nascoste nei suoi testi. In riferimento al caso *Amicizia* precedentemente citato, una rapida scorsa dei volumi ci permette ad esempio di osservare come molte delle foto italiane presenti (a maggior ragione quelle che si riferiscono alla zona di Pescara) si originano proprio da questo cenacolo di uomini ovvero dai contatti che Perego tenne con loro per molto tempo. Un dato interessante e quasi mai emerso pubblicamente, un fatto che dimostra e conferma un coinvolgimento del diplomatico italiano all'interno di questo gruppo di contattisti.

Caccia britannici intercetteranno i «dischi»

Il settimanale «Reynolds News» rivela che il governo britannico starebbe prendendo sul serio gli avvistamenti di dischi volanti nei cieli inglesi. Nei pressi di Trafalgar Square — dice il periodico — il Ministero dell'Aeronautica mantiene anche un ufficio per l'investigazione dei rapporti sui piatti volanti di modo che ogni avvistamento venga vagliato accuratamente, mentre alcuni caccia-reattori hanno il compito di intercettare immediatamente ogni «oggetto volante sconosciuto».

Dal 1947 ad oggi, il Ministero dell'Aeronautica britannico sarebbe stato informato su diecimila apparizioni di dischi volanti. Molte di queste apparizioni sono state spiegate ma alcune sono tuttora avvolte dal mistero, tanto che nessun funzionario del Ministero ardirebbe negare l'esistenza dei misteriosi oggetti volanti. Si nota inoltre — dice sempre il giornale — che i dischi volanti prediligono la zona aerea di Norwhich, dove appunto sono state registrate molta apparizioni.

Dal quotidiano *Momento Sera*, 17 giugno 1957, un articolo tratto dalla collezione privata del Console Alberto PEREGO, che documenta l'esistenza dell'Ufficio Segnalazione Dischi Volanti inglese sin dagli anni '50

LA SCENA CIRCOSTANTE

Perego si trasforma nel capostipite, assieme a Thayaht, dell'ufologia italiana. Siamo in un periodo prolifico e produttivo, in cui il fermento origina e distrugge in breve tempo molte realtà neocostituitesi.

Sarà in questo eterno alternarsi che un rappresentante del CISAER, Giuliano Ravelli di Bergamo, si distacca dal centro di Perego, e nel 1965, promuove e organizza un convegno nella città orobica, evento che sarà ripetuto quattro anni dopo ma ospitando una conferenza dello stesso Console. Nel biennio tra il 1959-60 si crea invece a Milano un piccolo gruppo di ricercatori di materie misteriose che si identifica con l'acronimo CIRDOVNI, realtà animata da Umberto Corazzi.

Salvo qualche articolo pubblicato su riviste specializzate dell'epoca, il gruppo oltre alla ricerca sul campo e teorica, si dedica a tenere saldi contatti epistolari con le residue realtà similari sparse sul territorio nazionale, contribuendo ad una sorta di "equilibrazione" di quel fermento di idee che avrebbe successivamente condotto alla realizzazione della rivista "Clypeus".

L'impostazione associazionistica di queste realtà, sul finire degli anni cinquanta e la prima metà dei sessanta, fu prevalentemente caratterizzata dalla raccolta, studio e catalogazione del materiale nonché, come ci dimostra l'attività stessa di Perego, da contatti epistolari con altre realtà similari.

Si moltiplicano parimenti i bollettini informativi, spesso veri e propri ciclostilati battuti a macchina, che vengono fatti circolare tra associati ed appassionati per aggiornarsi ed informarsi sulle novità del settore.

Si distinguono in questo periodo diversi nomi che rimarranno perlopiù ignoti alla moderna storiografia del settore come quello del prof. Giuseppe Luigi Beneventano, di Siracusa, che studiò il fenomeno da un punto di vista scientifico, esponendo le proprie ipotesi sull'origine 'meteorologica' del fenomeno UFO nel libro "*Che cosa sono i dischi volanti*"[12] o anche l'opera analitica di Eggardo Beltrametti[13]. Beltrametti fu curatore e principale autore della rivista di fantascienza *Mondi Astrali*, una iniziativa editoriale che ebbe vita breve ma animò gli studiosi romani interessati alla nascente fenomenologia ufologica. Curatore di tutte le rubriche (Astroquiz, Risposte ai lettori, Leva degli Astroscrittori) Beltrametti firmava anche con il suo vero nome articoli divulgativi[14].

Siamo nell'epoca del primo '*gruppismo ufologico*' e tra i vari e primi circoli che si formano nello stivale troviamo in Sicilia il "Centro Studi e Ricerche Spaziali", di breve durata ma la cui formazione fu così commentata nel 1958 da l'Espresso Sera, "*Scrutano senza posa il cielo in attesa dei dischi volanti*".

Nel gruppismo ufologico si alternano posizioni e ideologie differenti, approcci che non sempre sembrano convergere verso un'unica spiegazione del fenomeno ma sono altresì motivate dalla precipua volontà di capire l'origine e la natura dei 'dischi volanti'. In generale si ravvisano gli eterni estremi delle posizioni umane, gli scentisti che tecnologicizzano e analizzano ogni dettaglio delle manifestazioni fino ad arrivare ad approcci genuinamente semplici e talvolta ingenui sulla materia. Fatto curioso, dovuto probabilmente alla recente nascita della tematica ufologica, è l'assenza quasi totale di schieramenti scettici o negativisti, nelle formazioni e nei gruppi non si dubitò mai che i dischi volanti fossero astronavi provenienti dallo spazio, il vero problema sembrava piuttosto la modalità con cui poter comunicare con i loro piloti. Proprio in tale ottica si mosse il "Centro Studi e

---

12 Giuseppe Luigi BENEVENTANO, *Che cosa sono i dischi volanti?*, Catania Officina Grafica Moderna Impegnoso e Pulvirenti, 1952. Il volume fu recensito il 4 ottobre dello stesso anno sul Corriere di Catania.

13 Eggardo BELTRAMETTI, *Tutta la verità sui dischi volanti*, Roma, Tipolitografia Adriana 1955.

14 La rivista presentava spesso novelle di fantascienza o articoli divulgativi firmati sotto pseudonimo e l'"articolo di esordio di Beltrametti si intitolò proprio *Tutta la verità sui dischi volanti.*

Ricerche Spaziali"[15], che impostò la propria ricerca e attività ufologica verso l'obiettivo dichiarato di entrare in contatto con le presunte intelligenze extraterrestri sia attraverso le facoltà paranormali di alcuni medium del gruppo, sia attraverso la costruzione e la sperimentazione di appositi trasmettitori radio, che produssero, a detta dei partecipanti, risultati 'clamorosi'.

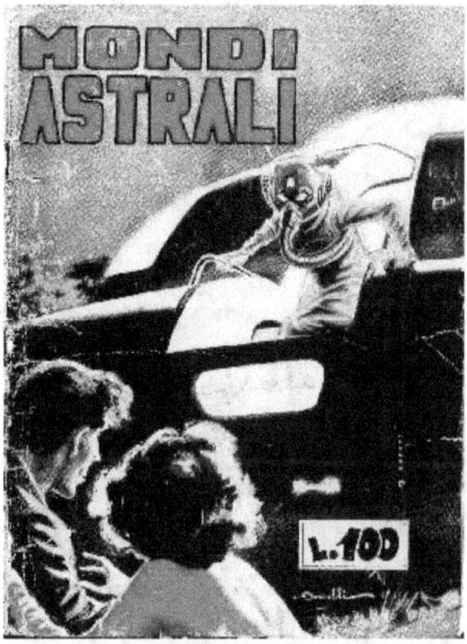

La rivista diretta e curata da Eggardo Beltrametti

Direttore del centro fu l'architetto e astrofilo Franco Brancatelli, affiancato da soci come Aldo Turiano, Giuseppe Pappalardo, Alfredo Scalia e il già citato Eugenio Siragusa. Tra gli eventi più importanti organizzati dal Centro si ricorda la conferenza che vide come ospite d'onore nell'agosto 1958 di George Hunt Williamson.

Altro grande pioniere della ricerca fu l'ingegnere Cesare Falessi fondatore, nel 1957, della rivista di astronautica e fantascienza "*Oltre il Cielo*"[16]. Durante una delle sue ultime interviste Falessi

---

15 Suddiviso in tre sezioni di studio e di ricerca, Astronomia, Astronautica-Razzomodellismo e Ufologia.

16 Oltre il Cielo, n° 1, 16/30 settembre 1957, Edizioni "Esse", Roma.

ricordò come "*Il 15 settembre del '57 uscimmo con il primo numero di "Oltre il Cielo". Telefonarono delle persone che avevano avvistato "corpi" strani in cielo, gli USA iniziarono a chiamarli UFO, in un mese la cosa diventò ossessiva e sul n. 3 di Societè Press apparve un articolo "Dischi Volanti", sottotema: ciò che la gente ha visto di un giornalista italiano Franco Polimeni*". Falessi si occupò tutta la vita di spazio, ricoprendo anche il ruolo di presidente dell'Unione Giornalisti Aerospaziali Italiani. Fautore dell'ipotesi extraterrestre pubblicò nei 31 numeri della sua rivista svariati articoli inerenti il fenomeno dei dischi volanti, testi che stimolarono nuove menti e amplificarono la consapevolezza di una presenza anomala nei nostri cieli.

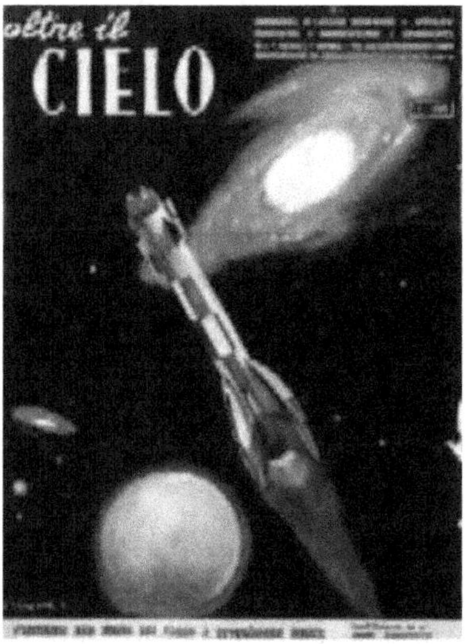

Il primo numero della rivista del 16 settembre del '57 di 'Oltre il Cielo', mensile diretto da Cesare Falessi

In questo periodo si affiancano altri studiosi e libri che faranno storia. Alfio Malatesta scrive nel 1950 '*Che cosa sono i dischi volanti*'[17], a cui segue il libro di Giuseppe Ciocchi '*I dischi volanti*'[18], e il testo del 1955 di Giuseppe Andrea Prosdocimi (che prese come nome d'arte G.A.P.) dal titolo '*Origine e consistenza extraterrestri dei dischi volanti*'[19]. Una vera rarità è il testo di Elia Nitti '*Dischi volanti automotori*' con un sottotitolo estremamente esplicativo sui contenuti del libro '*un documento sconcertante e meraviglioso che può gettare luce sul mistero dell'energia che fa muovere i dischi volanti*'[20].

Merita una trattazione a parte un romanzo di fantascienza, ma che si autodefinisce scientifico, scritto dall'emblematico Sidereus e intitolato '*Il romanzo dei dischi volanti*'[21]. Solo molti anni dopo si apprenderà che dietro il misterioso pseudonimo si nascose verosimilmente il regista cinematografico e sceneggiatore Mario Gariazzo, da sempre appassionatosi all'ufologia, operante nel torinese e conosciuto con l'ulteriore pseudonimo di Roy Garrett.

Una breve panoramica per vedere come affianco ai singoli soggetti, ai nascenti gruppi e a realtà in costante divenire, inizino anche a presentarsi sulla scena editoriale riviste e libri che costituiranno il primo bacino di formazione generazionale per gli ufologi. Caposaldo indiscusso dell'intera scena italiana sarà però il Console Perego, l'unico che veramente donò alla tematica una importanza senza precedenti.

Nel 1959 assistiamo anche alla nascita, da una costola del "*Movimento Culturale Umanistico Fiorentino*", del "*Movimento*

---

17 Alfio Malatesta, *Che cosa sono i dischi volanti*, Rimini, 1950, Casa Editrice Ramberti. L'unica copia sopravvissuta di questo opuscolo si trova oggi alla Biblioteca Gambalunghiana di Rimini.

18 Giuseppe Ciocchi, *I dischi volanti*, Forlì, Tip. Rif. Giud., 1952. Ciocchi spiega il fenomeno come il risultato dell'aggregazione del pulviscolo cosmico che, a seguito di inneschi umani come le bombe atomiche, assume una forma globulare o discoidale identificandosi nelle forme degli UFO.

19 Giuseppe Andrea Prosdocimi, *Origine e consistenza extraterrestri dei dischi volanti*, Bologna, Coop. Tip. Azzoguidi, 1955.

20 Elia Nitti, *Dischi volanti automotori*, Casa Editrice Mondo Nuovo, Roma, 1963.

21 Sidereus, *Il romanzo dei dischi volanti*, Academia, Milano, 1950

Aquilonare" coordinato dal Prof. Solas Boncompagni, tutt'oggi operante, che successivamente si affiancherà all'altrettanto storica rivista *Il Giornale dei Misteri*, nata però nel 1971. L'Associazione si propone di "*studiare il fenomeno degli UFO inquadrandolo in un universalismo permeato dall'anelito di un nuovo umanesimo, da raggiungere con il superamento della crisi spirituale contemporanea*" ne dava l'annuncio in questi termini l'ultimo numero di "Spazio e Vita". Abbiamo avuto modo personalmente di lavorare e collaborare con il Prof. Boncompagni e, a distanza di oltre sessant'anni, la sua visione e la sua passione per lo studio di questo fenomeno non sembrano ancora oggi avere smesso di alimentare i suoi studi e i giovani che a lui si avvicinano formando generazioni di nuovi studiosi e infondendo in loro lo spirito di una vera ricerca direzionata alla comprensione di un fenomeno ancora oggi inspiegabile.
Nel frattempo anche la scena ufologica italiana si espande e si arricchisce di nuovi volti ed esperienze. Nel 1961, dal Movimento Culturale Umanistico, fondato a Firenze da Louis Pauwels ed Ugo Spirito, nasce il *Gruppo Clipeologico Fiorentino*, tra i fondatori del quale figura il Prof. Solas Boncompagni. Quest'ultimo personaggio costituisce oggi l'ultimo padre storico della ricerca ufologica italiana.

JULIUS EVOLA E I 'DISCHI VOLANTI'

Dopo aver analizzato quelli che furono i primordi dell'ufologia nel nostro paese non possiamo tralasciare un personaggio di grande caratura, inviso a molti ma certamente prolifico studioso delle tematiche di confine. Un inaspettato testo del 1954 emerge dalle nebbie della storia testimoniando come uno dei personaggi più emblematici e discussi del panorama culturale italiano fosse profondamente convinto della '*pluralità dei mondi abitati*', il Barone Julius Evola.

Evola fu tra i più importanti esponenti culturali del ventennio fascista, fu artista e scrutatore dell'insondabile, ideologo di una 'filosofia littoria' che non avrebbe mai avuto quel rilievo da lui sperato portando lo stesso Duce a condannandone la figura e a destinandolo ad un esilio coatto in Germania per sfuggire alle 'correzioni' littorie. Evola fu anche un grande esoterista, un parapsicologo, uno studioso degli stati di confine della coscienza come anche fine mitologo e ricercatore del Graal. Come Guenon analizzò e comparò antiche vie iniziatiche assieme alle moderne evoluzioni del pensiero, cercò di comprendere l'animo umano non tralasciando quei lati intimistici ed evolutivi propri di certune tradizioni. Se la storia lo ha condannato per la sua aderenza al fascismo, parimenti non può essere fatto per molte sue teorizzazioni culturali. È da tali basi che Evola si interessò ad ampio raggio dell'ignoto, dell'insondato e dell'insoluto, non tanto cercando delle spiegazioni quanto volendo scalfire un velo di Maia motore immobile di ogni libero pensatore.
Nello scritto numero 73 de '*I testi del Roma*'[22], curati dallo stesso Evola tra il 1934 e il 1974, troviamo il curioso quanto interessante del '54 dall'emblematico titolo "*E i dischi volanti?*". 'I testi del Roma' sono una evidente manifestazione dello studioso di comunicare con la gente, di esternare un pensiero sulle tematiche e i sogni più intimi ed importanti del Barone Evola. Non stupisce quindi che tra gli argomenti trattati vi fosse anche quello inerente i così detti 'Dischi Volanti' un fenomeno, come abbiamo visto,

22 Julius Evola, *I testi del* ROMA, Edizioni Ar, 2005, p. 189.

che aveva pervaso ed interessato tutta la nazione lasciando ogni fascia sociale interdetta e affascinata dalla loro natura e origine. Si tratta di uno scritto breve che, per dovere di informazione storica, riteniamo utile riprodurre integralmente in queste pagine.

"*Sui cosiddetti dischi volanti da qualche anno si è assai parlato, discusso e polemizzato, con degli alti e dei bassi d'interesse dipendenti dal genere e dalla frequenza degli avvistamenti. A tale riguardo, molti sono rimasti scettici. Noi stessi, lo confessiamo, siamo stati fra costoro; ma, alla fine, siamo venuti alla convinzione che la faccenda è più complessa di quanto sembra. A tanto, ha contribuito la conoscenza di una documentazione che prima ignoravamo, la quale si trova raccolta in una pubblicazione recente di Donald E. Keyhoe, già maggiore delle truppe da sbarco statunitensi, dal titolo Flying Saucers from the buter space (New York, 1953).*

L'importanza del libro sta nel carattere ufficiale e controllato dei dati che contiene, perché questi dati sono stati direttamente forniti all'autore dall'Ufficio stampa e dal servizio segreto delle forze aeree americane (a tale proposito, al libro è allegata una dichiarazione ufficiale). Noi non sapevamo che gli Stati Uniti avessero preso così sul serio la cosa da istituire, fin dal 1949, uno speciale centro di indagini, chiamato Ufficio del Progetto Sign, o Ufficio pel Libro Azzurro. Né sapevamo del carattere di molti avvistamenti e della frequenza dell'apparizione dei dischi, che si trattennero sulla città per oltre due ore compiendo manovre ed evoluzioni varie.

Nel libro citato si descrive in modo abbastanza plastico e mosso l'imbarazzo delle forze aeree americane che, sforzatesi in un primo tempo a ridurre il tutto a illusioni o mistificazioni, si sono trovate sempre di più di fronte a prove inconfutabili, peperò al problema di informare o meno l'opinione pubblica, di allarmarla ovvero di cullarla nel senso di una precaria sicurezza.

In fatto di documentazione noi ignoravamo che il servizio segreto delle forze aeree americane possiede, oltre a fotografie, dei veri e propri film di dischi, ripresi sia dal suolo che da aerei. I rapporti su avvistamenti di dischi pervenuti a quel servizio ammontano ad un paio di migliaia, e molti di essi sono stati trasmessi da piloti esperti e degni di fiducia, sia militari che civili. Dopo un severo controllo, è stato riconosciuto che almeno il 25 per cento dei casi non lo si può spiegare con ipotesi tali da ridurre i dischi ad una illusione. Ad esempio, si è ricorsi alla teoria delle cosiddette inversioni di temperatura: nell'atmosfera possono sovrapporsi strati di aria calda e fredda, il che può dare luogo ad una rifrazione di raggi e all'apparizione di immagini riflesse, in moto o sul genere dei miraggi nei deserti. Ora, una tale spiegazione ha dovuto essere esclusa, sia perché non erano presenti le necessarie condizioni meteorologiche, sia per un fatto fondamentale: vi è stata una simultaneità della segnalazione dei dischi a mezzo radar e delle osservazioni visive dirette, con perfetta concordanza dell'una con le altre. Non poteva dunque trattarsi di riflessi fugaci e irreali.

Ma l'elemento più decisivo è che i dischi sembrano essere governati. Siano gudati, compiono manovre precise. Ciò esclude che possa trattarsi di qualche altro fenomeno atmosferico non ancora studiato. D'altra parte, la loro velocità, calcolata anche col radar, è vertiginosa, va oltre le 7000 miglie orarie. In più, sono state osservate virate, curve, inversioni di rotta, ascese istantanee quasi verticali, tali che nessun aereo finora costruito saprebbe compierle. Di solito, i dischi si sottraggono agli accostamenti: data la loro velocità, essi hanno facilmente sopravanzato anche i più veloci caccia a reazione, quando questi hanno cercato di intercettarli. In più si annoverano certi casi di disastri aerei misteriosi.

L'unico elemento che, malgrado tutto, può lasciare perplessi è che, a parte certe sporadiche notizie non controllate, di dischi non ne è mai caduto uno al suolo, tanto da poterne rinvenire i resti e i rottami. Ora, è inconcepibile che una qualsiasi macchina sia esente a tal segno da ogni accidente. Ciò vale ancor più nell'ipotesi di una qualche arma segreta terrestre, ad esempio russa. Del resto, il servizio segreto americano ha dovuto escludere questa ipotesi.

Quanto al Keyhoe, l'autore del libro citato, egli è convinto che i dischi siano macchine provenienti dagli spazi esterni al nostro pianeta. Riferisce anzi le ipotesi di Wilbur B. Smith, scienziato capo di un ufficio istituito anche dal Canadà per l'indagine sui dischi. Secondo lo Smith, i dischi potrebbero essere mossi da un mezzo di propulsione elettrostatico, basato su d'una provocata caduta del potenziale dei campi magnetici atmosferici. Sarebbero costituiti da una parte o cabina centrale immobile, termicamente isolata, contenente strumenti per la guida a distanza, per registrazioni radio e televisive, e poi di un anello rotante atto a surriscaldarsi e di divenire incandescente, tanto da produrre i colori e i trapassi di colore delle luci più spesso osservati nei dischi.

Lo Smith non si pronuncia circa la possibilità che sui dischi si trovino creature viventi, le quali dovrebbero allora essere tali da resistere agli effetti delle temperature e di velocità ed accelerazioni spaventose. Se mai, tali creature potrebbero trovarsi a bordo di una specie di portaerei dello spazio, dalle quali i dischi potrebbero essere lanciati e che li terrebbero sotto controllo nelle loro azioni esplorative.

Infatti il Keyhoe prende le cose molto sul serio e ritiene appunto che i dischi compiano delle ricognizioni intorno al nostro pianeta e specialmente negli Stati Uniti, con intenzioni non rassicuranti: donde la frequenza degli avvistamenti proprio su punti strategicamente importanti. Le stesse forze aeree americane, dinanzi al fatto, altrimenti inesplicabile, che i dischi appaiano essere governati, hanno finito col non escludere che possa trattarsi di macchine interplanetarie. Speculazioni a parte, sufficienti dati concreti e vagliati pongono ogni mente spregiudicata di fronte ad un enigma, di là da quanto, a tale riguardo, può ridursi ad illusione o mistificazione".

A questo testo ne seguì un altro dal curioso titolo "*I Dischi Volanti non sono palle a folgore*" in cui il Barone esprime palesemente le proprie posizioni ed idee sull'enigmatico fenomeno. Eccone la versione completa.

"*La nuova ondata di avvistamenti - reali o presunti - di dischi volanti ha riportato il problema relativo a questi strani oggetti al centro dell'interesse di ampi strati del pubblico. Così forse non sarà inutile fare, in un certo modo, il punto della questione, ossia indicare brevemente ciò che in via positiva e seria è stato finora accertato sui dischi volanti. Per il che, più che a relazioni sparse e non verificate dell'uno o dell'altro osservatore e a notizie di seconda mano, è il caso di riferirsi ai risultati di indagini eseguite da un apposito centro di ricerche che, col nome di Ufficio per progetto "Sign" o Ufficio del progetto per Libro Azzurro, fin dal 1949 è stato creato negli Stati Uniti, alle dipendenze del servizio segreto delle forze aeree. Anche altri governi, segnatamente l'inglese, hanno costituito centri analoghi di ricerche. Ma la loro attività è stata tenuta segreta. Invece quell'ufficio americano, sia pure dopo molte esitazioni, si è deciso a mettere a disposizione di un suo collaboratore, un ex-maggiore dei corpi di sbarco, D.E. Keyhoe, che è stato uno dei primi a occuparsi dei dischi volanti e a sostenerne la realtà, buona parte del materiale raccolto e delle corrispondenti analisi, autorizzando che il tutto venga portato a conoscenza del pubblico. Le cose stanno più o meno così: 1) Viene escluso che i dischi siano armi segrete di una qualche nazione. Per ragioni evidenti, qui entrerebbero in questione soprattutto gli Stati Uniti e la Russia. Ora, quanto agli Stati Uniti, sarebbe un bluff inconcepibile che essi, sapendo perfettamente che i dischi sono loro armi, abbiano creato un ufficio del servizio segreto per fare ricerche su di essi. Poi, le forze armate non li avrebbero fatti volare per cinque ore su Washington, come accadde nel luglio 1950, tanto da generare un ondata di panico a tacere degli avvistamenti nelle prossimità di aeroporti e di centri per l'energia atomica. Infine, non sarebbero state prese misure speciali, come la distribuzione di particolari apparecchi da ripresa fotografica o film con prismi e retino che permettono indagini tecniche approfondite sulle immagini dei dischi.*

Per i Soviet, vale l'argomento che di avvistamenti di dischi ve ne sono stati già in un periodo in cui la Russia, ancora prostrata dalla guerra, difficilmente sarebbe stata in grado di mettersi a inventare e a costruire macchine di un genere così rivoluzionario come i dischi. In più, sia per la Russia e l'America, sia per ogni altra nazione vi è l'argomento, che un'arma segreta la si tiene, appunto, segreta, la si esperimenta in aree segrete o sugli oceani, come è avvenuto per le bombe atomiche; non la si manda a passeggiare dovunque, tanto da mettere in allarme i nemici potenziali col pericolo che il segreto venga scoperto. 2) I dischi volanti non sono una illusione né l'interpretazione fantasiosa e psicotica di qualche fenomeno atmosferico. Fra i rapporti esaminati dal servizio segreto americano ve ne sono moltissimi dovuti a piloti militari esperti e degni di fiducia,, che per la loro pratica non possono essersi ingannati così facilmente, tutto d'un tratto. Ma l'argomento principale è costituito dalle segnalazioni radar. I radar sia al suolo che di aerei in volo hanno captato i dischi; si sono avuti casi di segnalazioni radar simultanee con relative triangolazioni.; in più vi sono state corrispondenze fra le segnalazioni radar e le osservazioni visive dirette. Ora, i radar non colgono fenomeni immateriali, riflessi o riverberi. Fra le migliaia di casi esaminati, almeno il 25 per cento sfugge a ogni spiegazione normale, che li riduca ad abbagli o a illusioni.

Per tali casi l'accennato ufficio ha dovuto quindi abbandonare anche la teoria delle cosiddette inversioni di temperatura, a cui in un primo tempo era ricorso quando la parola d'ordine era di "smontare" in ogni modo la faccenda dei dischi, di fronte a un crescente allarme degli americani. Nell'atmosfera il sovrapporsi di strati di aria calda e di aria fredda può dar luogo a una rifrazione di raggi e all'apparizione di immagini riflesse, in moto o sul genere di quelle dei miraggi nei deserti. Ma dei dischi sono stati avvistati anche là dove le condizioni atmosferiche necessarie per il fenomeno dell'inversione erano inesistenti. Anche la teoria di formazioni elettroniche la si è dovuta abbandonare. Contro l'una e l'altra vi è, del resto, un argomento fondamentale, e cioè:

3) I dischi sembrano essere governati. Sono guidati, compiono spesso manovre precise. Inseguiti da turbo-reattori militari, essi accelerano la velocità per sottrarsi all'accostamento. In alcuni casi si sono messi a volteggiare intorno ad aerei di linea, come per osservarli, ovvero hanno cambiato di rotta per mettersi a seguirli. In altri casi essi sono stati visti volare in formazioni - formazioni a V, a "diamante" o a scala - mantenendo fra loro precise distanze. Il che, se si trattasse di semplici, casuali fenomeni atmosferici o di sparsi miraggi, sarebbe inconcepibile.

4) Per la stessa ragione, si deve escludere l'ipotesi di bolidi o di meteoriti. Tale ipotesi era stata affacciata specialmente per una sottospecie di dischi, per le cosiddette green fireballs - palle di fuoco verde, spesso esplose a mezz'aria, lanciando un raggio rosso - apparse soprattutto nei cieli del Nuovo Messico. Gli astronomi hanno dovuto escludere l'ipotesi dei meteoriti, per via sia della traiettoria che della velocità e della frequenza di queste apparizioni. Poi, di nuovo, v'è il fattore di una verosimile intenzionalità: il fenomeno dell'apparizione e dello scoppio si è ripetuto, ad esempio, per quattro volte di seguito, alla stessa ora e nello stesso punto, in giorni diversi, presso a un aeroporto.

Non figura, nelle ricerche del centro americano, l'ipotesi delle cosiddette palle a folgore: fenomeno atmosferico raro ed enigmatico. Però, come le altre dello stesso genere, anche questa ipotesi cadrebbe se, come sostengono nei loro rapporti degli aviatori militari sperimentati, fra di essi un comandante di squadriglie da caccia, i dischi seguono rotte e compiono manovre che presuppongono una guida, un governo. Le restanti risultanze delle ricerche dell'ufficio pel progetto "Sign" le riassumeremo nel prossimo articolo".

Illuminanti quanto misconosciuti, questi testi pongono agli occhi di un pubblico ancora alle prime armi, domande che ancora oggi risuonano nelle nostre discussioni, quesiti che ancora devono trovare una risposta. Evola cercò di analizzare culturalmente il fenomeno, non disdegnano di lasciar trasparire la convinzione che potesse trattarsi di 'macchine interplanetarie'.

IL CONTATTISMO ITALIANO

L'ufologia si mostra fin dai suoi primordi come una disciplina variegata e in continuo divenire. Numerose realtà associative e un ancor più numeroso stuolo di ricercatori e studiosi si affaccia sulla sua scena cercando di comprenderne l'origine e analizzare le finalità del fenomeno. Fin da subito la risposta sembra, ai più, essere evidente. L'origine di questi velivoli nei nostri cieli deve essere ricercata in visitatori provenienti da altri pianeti intenzionati a studiarci e, in qualche caso, ad interagire con noi. In base a tale ritrovata consapevolezza, nell'animo di molti studiosi si insinua la convinzione che un contatto sia possibile, laddove non siano loro stessi a palesarsi al testimone. Attingendo alle più disparate discipline, dall'esoterismo alla meditazione, il contatto non sembra cosa semplice ma altrettanto non impossibile. L'anno in cui in Italia sembra iniziare ufficialmente il fenomeno del '*contattismo*' è il 1962, un gruppo nutrito di soggetti afferma di essere stato 'scelto' dagli extraterrestri quali testimoni o portavoce di un messaggio. In quest'ultimo caso è quasi unanime il monito, la nostra specie si sta avvicinando ad un baratro e solo la pace e la fratellanza nell'umanità potranno aiutarci a non autodistruggerci. Non tutti i contatti possiedono però visioni così escatologiche, il già citato caso Amicizia, iniziato a detta dei suoi aderenti addirittura nel 1956, ebbe direttrici di scambio diverse, pur se non mancarono accenni alla nostra predilezione autolesionistica. Tra il 30 aprile e il 5 settembre del 1962 il catanese Eugenio Siragusa sarà il primo contattista italiano a rendere pubblica la propria storia. Dopo diversi contatti telepatici, Siragusa afferma di aver incontrato più volte, sulle pendici dell'Etna, una coppia di individui vestiti con una sorta di scafandro e scesi da un disco volante. Durante il contatto gli esseri chiedono a Siragusa di trasmettere ai potenti della Terra un messaggio, parole che fin da subito susciteranno un grande clamore venendo anche pubblicate da un quotidiano dell'epoca[23].

"*La nostra aviazione magnetica sta in permanenza sugli obiettivi, e controlla tutti i punti strategici del vostro globo, pronta ad intercettare qualunque mezzo che trasporti una bomba atomica contro qualche obiettivo. La nostra azione mirerà con sicuro successo, poiché i nostri progressi scientifici superano di diversi millenni i vostri, a sventare ogni vostro pazzesco ed incosciente desiderio di una guerra atomica. Noi conosciamo, per averli vissuti, meglio di voi gli apocalittici effetti che un tale conflitto provocherebbe, sia alla già precaria stabilità del vostro pianeta, quanto al sistema solare tutto. Per questa ragione, già da molto tempo, con estrema accuratezza vegliamo sugli sviluppi politici, militari e principalmente scientifici di voi terrestri. I nostri controlli sono particolarmente indirizzati sugli stabilimenti atomici degli Stati Uniti e dell'Unione Sovietica e sui loro progressi nel campo della missilistica. Non di rado interveniamo disturbando con i nostri super apparecchi i lanci, poiché siamo convinti che la vostra preparazione intellettuale ancora non è arrivata ad uno stadio tale da saper controllare con coscienza l'immensa*

23 Il 'comunicato' ricevuto da Siragusa sarà pubblicato su *Il Roma* del 27 Settembre 1962.

forza che tali scoperte danno all'uomo. Questa convinzione è avvalorata dalla recente situazione creatasi a Cuba: situazione, però, che già ben controlliamo, per cui è da escludersi un conflitto atomico, che oltre a distruggere voi, disturberebbe anche la pace degli spazi".

In questo periodo altra figura di non minor rilievo è la torinese Germana Grosso. Il 4 gennaio del 1957 Germana ebbe la sua prima esperienza di 'contattismo telepatico' con gli alieni ma sarà solo nel luglio del 1963 che la sua fama assurgerà a livelli internazionali quando annunciò l'imminente morte del presidente statunitense John F. Kennedy. Il 22 novembre del 1963 il presidente più amato della storia americana avrebbe trovato la morte a Dallas. Come ci si potrebbe aspettare la premonizione di Germana Grosso ebbe una eco mondiale trasformando una semplice donna in un personaggio pubblico. Dino Buzzati, inviato del Corriere della Sera, ne rimase profondamente colpito, scrivendo un articolo intitolato '*La signora che è stata sulla Luna*'. Germana Grosso si distanziò dalle modalità con cui, allora e successivamente, i contattisti realizzarono i loro incontri[24]. Una contatto extrasensoriale, telepatico, costituì una difformità rispetto al *modus operandi* fino ad allora conosciuto risultando del tutto estraneo alle tipologie di incontri vissuti dagli altri soggetti ma che, ai giorni odierni, sembra oltremodo comune in coloro che affermano di vivere questo tipo di esperienze. Nella sua intervista con Buzzati la Grosso affermò "*si può dire che sono sempre in contatto con loro in qualsiasi momento, e quando mi dicono di scrivere, io scrivo, anche se il senso di ciò che mi viene dettato, una frase o una certa espressione, qualche volta mi può sembrare oscuro... Se loro smettessero all'improvviso di dettare, io non saprei aggiungere nulla di mio, neppure una virgola*".

Altro pioniere dell'ufologia italiana, nonché della scena contattistica internazionale, fu il giornalista romano Eufemio del Buono. Attivamente coinvolto fin dai primordi del fenomeno, Del Buono si distinguerà per una attività di ricerca e divulgazione durata quasi sessant'anni che si concluderà il 21 giugno del 2008, giorno in cui si spense nella sua amata Roma. Un aneddoto, con profonde basi storiche, vorrebbe proprio il Console Alberto

---

24 *Grosso Germana* e Sartorio Ugo, I nostri amici extraterrestri, MEB, Torino - 1977

Perego assieme ad Eufemio Del Buono tra i principali artefici, nel 1962, dell'incontro avvenuto tra il contattista americano George Adamaski e il Papa Buono, Giovanni XXIII. Un incontro su cui non esistono prove circostanziali inoppugnabili, ma che fu confermato da diversi soggetti coinvolti nonché da una medaglietta che lo stesso Adamski ricevette dal Papa, un dono che veniva riservato dal Pontefice solo a coloro che erano ricevuti da lui in udienza personale.

Eufemio Del Buono con il contattista George Adamski, a Roma, alla fine degli anni '50

"Uomo della Terra, noi non veniamo dai nostri mondi a parlare alla tua intelligenza, ma a parlare alla tua Coscienza. Oggi non è più tempo di Filosofie, ma è tempo di Realtà. E la Realtà è desolazione, è l'agonia della Terra. Non rimanete stoltamente sordi alle nostre esortazioni. Se lo scopo della vostra esistenza continuerete a concepirlo attraverso il binomio

SCIENZA-DENARO, non riuscirete a porre un valido argine al dilagare dei molti mali che l'eccessivo e feticistico amore a tali idoli va procurandovi. Ancora v'inchinate e servite ad essi e li innalzate ad emblemi del vostro vivere, mentre l'orrore dell'equilibrio ecologico sovvertito, il dilagare della violenza, l'inquietante instabilità della crosta terrestre, non vi paiono bastanti avvisi del pauroso traguardo verso il quale il nostro decantato progresso è fatalmente arrivato".

Sarà con questo messaggio dei "Fratelli Cosmici" che Eufemio del Buono iniziò la sua esperienza affianco alle sue molteplici conferenze e trasmissioni televisive, sia locali che nazionali. Nella sua caratterialità esuberante e intelligente amalgamò le realtà spirituali ed esoteriche con quelle ufologiche ponendo le basi per una evoluzione nostrana nelle tipologie di 'contatto' con altri mondi.

LA STAMPA ITALIANA E IL CASO GHIBAUDI

Siamo sempre nel 1962 quando viene dato alle stampe un testo del giornalista romano Luis Bulgarini, libro che si sarebbe intitolato "*I Dischi Volanti*". Passano pochi mesi e nel dicembre dello stesso anno, un altro giornalista, il torinese Bruno Ghibaudi, inizia a pubblicare sul quotidiano "Il Tempo" la più ampia e dettagliata inchiesta, a puntate, mai apparsa sulla stampa nazionale dedicata al fenomeno UFO. Nel corso di 39 edizioni consecutive[25], il giornale dedicherà quotidianamente una intera pagina alla questione dei dischi volanti gettando le base per una nuova visione del fenomeno e formando, nella sua semplicità, schiere di nuovi studiosi ed appassionati. Dato il successo dell'iniziativa di Ghibaudi, dal maggio del 1963, prosegue sulle colonne de *Il Tempo*, la sua inchiesta pubblicando una seconda e più lunga serie di inchieste sul fenomeno UFO[26]. Parallelamente Bruno Ghibaudi, sempre nel 1962, inizierà a dare alle stampe altre

---

[25] Articoli che inizieranno il 27 dicembre del 1962.

[26] La seconda serie di articoli di Ghibaudi conterà ben 78 puntate.

indagini a puntate sugli UFO questa volta però attraverso le pagine di settimanali ad alta diffusione come *La Settimana Incom*. Il fenomeno inizia ad uscire da quella nicchia di settore che per lungo tempo le aveva dedicato solo qualche trafiletto sulla stampa nazionale, sarà così che anche la lettissima *Domenica del Corriere* inizierà a dedicare ben dieci copertine al fenomeno dei dischi volanti attraverso le storiche tavole di Walter Molino . Non solo nella veste di giornalista ma anche in quella di diretto testimone, il 27 Aprile del 1961, Ghibaudi effettua diverse istantanee fotografiche di alcuni UFO, dalle forme e dimensioni diverse, sul lungomare di Montesilvano, in provincia di Pescara! In quella stessa estate, lo stesso Ghibaudi accompagnato da due amici fidati, e da una terza persona artefice dell'evento, Ghibaudi racconta di essere riuscito ad incontrare il pilota di un disco volante in missione sulla Terra. Quest'ultimo episodio si può collocare, verosimilmente, all'interno del contesto di Amicizia tanto per la località interessata quanto per la stessa conoscenza che Ghibaudi ebbe con alcune persone coinvolte all'interno di questo gruppo. Come Ghibaudi anche altri personaggi che sarebbero stati coinvolti all'interno di questi contatti affacciandosi nella scena ufologica solo successivamente, come nel caso di Paolo Di Girolamo[27].

DAL C.I.S.A.E.R. AL GRUPPO CLYPEUS AL C.S.F.C

È trascorsa la prima decade e mezzo per la storia dell'ufologia italiana, quindici anni in cui si consumano le vicende più importanti e significative nel nostro paese, eventi che segneranno la nostra storia inesorabilmente e collocheranno l'Italia tra i capofila indiscussi della ricerca internazionale. Nella sua vasta ed analitica produzione il Console Perego, nel 1963, pubblica il suo terzo libro intitolato *L'Aviazione di altri pianeti opera tra noi. Rapporto*

---

27 Paolo di Girolamo si appassionò al fenomeno UFO verso la seconda metà degli anni '50, avendo modo di vivere in prima persona numerose esperienze anomale. Conobbe il Console Perego ed è stato per molti anni direttore dell'associazione ufologica '*International Sky Scout Italia-Contact*', preposta allo studio, alla divulgazione e alla sperimentazione sul campo. Nel 1980 ha pubblicato, per le Edizioni Mediterranee, il libro *Dossier UFO*.

agli Italiani 1943/1963, un testo unico e monumentale, sconcertante per la sua modernità se letto oggigiorno.
Il gruppismo, nel '64, vede la nascita a Torino, del *Centro Studi Clipeologici* gruppo diretto da un'altra colonna portante della ricerca italiana, lo studioso Gianni Settimo. Parallelamente, da parte della medesima associazione, viene stampato e diffuso il primo numero del periodico "Clypeus" dedicato tanto alle cronache ufologiche nel passato quanto a quelle del periodo in esame. La curiosa dizione utilizzata da Settimo si richiama ad una antica denominazione storica. Fin dai suoi primordi negli anni '50, la gente comune come i media parlavano di "piatti volanti", trasformatisi poi in "dischi volanti", ed infine mutuati più tardi nell'acronimo inglese UFO. Quando i primi gruppi di ricerca privata videro la luce, l'oggetto dei loro studi venne però definito con il termine "clipeologia", vocabolo derivato dal latino *clypeus*, dal nome dello scudo romano usato dai legionari. Nel suo *Libro dei Prodigi*, lo scrittore romano Giulio Ossequente[28] racconta numerosi eventi inspiegati occorsi nel cielo dell'antica Roma, tra questi l'apparizione di scudi infuocati, *clypeus ardentes,* che evoluivano lasciando esterrefatti gli ignari spettatori. UFO ante litteram? Possibile laddove una moltitudine di antichi testi ed opere pittoriche sembrano descriverci e raffigurarci ignoti oggetti volteggiare nei cieli dell'antichità. La Madonna e il San Giovannino, attribuito al Filippo Lippi e oggi conservato al museo degli Uffizi, ne è un esempio tra tanti come anche molte altre testimonianze contenute nelle cronache di popoli a noi molto distanti. Un elemento che si rese manifesto fin da subito agli studiosi di questa nuova disciplina e che sarebbe stato recuperato successivamente nei libri dello scrittore Peter Kolosimo.
Le manifestazioni che nel '47 trasposero il fenomeno davanti al grande pubblico possono essere una eco plateale di qualcosa che già da molto tempo solcava i nostri cieli, studiandoci e osservandoci? Solo quando l'interesse del grande pubblico si è direzionato verso qualcosa di nuovo, ignoto e non collocabile all'interno delle umane classificazioni si è dato peso alla loro esistenza. Eterei quanto tangibili le manifestazioni di questi

---

[28] Julius Obsequens: *De Prodigiis,* XLV.

oggetti non sembrano frutto della civiltà 'tecnologica' del XX secolo ma ancor più un antico retaggio protrattosi nei secoli e nei millenni. Nell'antichità si bollò, salvo rari casi, tali manifestazioni come frutto della superstizione, della magia se non di una vera e propria 'azione del maligno'. Consci dei confini e delle diversificazioni di questi ambiti, raffrontate alla permanenza del fenomeno, osservarne il protrarsi nel tempo non può che, legittimamente, far sorgere la domanda di una loro eterna presenza, una esistenza che si spinge fino alle epoche più remote della nostra storia testimoniandoci l'interesse di altre civiltà verso la nostra.

Su questo frangente si collocano le ricerche e gli studi di schiere di studiosi ed appassionati, di contattisti e semplici uomini che cercarono di comprendere il fenomeno UFO se non auspicando un incontro con queste realtà.

Nel 1964, il contattista Eugenio Siragusa fonda il suo *Centro Studi Fratellanza Cosmica* ponendo la sede a Catania. L'era del contattismo nostrano inizia attraverso la diffusione di periodici bollettini contenenti i 'messaggi per l'umanità' inviati al Siragusa dai "fratelli extraterrestri". Una nuova filosofia mistica pervade centinaia di soggetti che aderiscono al C.S.F.C. La figura di Siragusa, nei decenni successivi, sarà oggetto di diversi dibattiti, confutazioni come anche dure posizioni. Non è oggetto di questo testo ripercorrerne queste fasi si consideri però che le esperienze oggetto di questo primo periodo possono essere considerate altamente verosimili.

Il primo convegno ufologico italiano ha luogo a Torino il 28 gennaio 1965, intitolato ai fenomeni della "clipeologia".

Il 5 Settembre 1965 successivo, a Bergamo, Giuliano Ravelli organizza invece il primo convegno sui dischi volanti, termine desunto dall'inglese e ormai sovrastante quello della 'clipeologia' e dei 'piatti volanti' .

Il 26 settembre 1965, sempre a Torino, ha luogo il secondo convegno nazionale di clipeologia mentre nel gennaio del 1966, il dottor Giuseppe Lazzari, a nome del C.I.S.A.E.R. di Perego, all'epoca in missione in Brasile, inizia la diffusione di un periodico ciclostilato in linea con la visione del Console. La circolare è sistematicamente indirizzata ai simpatizzanti, alla segreteria di Stato della Città del Vaticano, al Presidente del Consiglio, al capo di Stato Maggiore dell'Aeronautica, e al Consiglio Nazionale delle Ricerche. Tra i relatori del convegno si possono ricordare un ventiduenne Roberto Pinotti (del neonato Centro Unico Nazionale), il dottor Giancarlo Masini (Assist. Di chimica fisica presso l'Università di Firenze) e Peter Kolosimo (giornalista e scrittore-collaboratore della rivista "Atlante").

Giunti al maggio del 1969 lo storico bollettino del C.I.S.A.E.R. cessa ufficialmente le sue pubblicazioni mentre al suo posto viene diffuso il bollettino ciclostilato "Cielo e Terra"[29]. Nello stesso anno, Peter Kolosimo pubblica il suo primo libro sulla clipeologia, ora definita paleoastronautica, dal titolo "*Non è terrestre*", seguiranno negli anni successivi "*Terra senza tempo*", "*Astronavi sulla preistoria*", "*Ombre sulle stelle*" e molti altri ancora.

Si chiude così un'epoca per l'ufologia italiana, il primo periodo storico per una fenomenologia che avrebbe segnato e fatto sognare generazioni di uomini. Grandi nomi, storie indimenticabili tanto lontane nel tempo quanto vicine nella memoria, eventi che avrebbero contrassegnato la nostra vita giungendo fino ai nostri giorni. L'arco temporale descritto è figlio di un'epoca in cui sembrano contare ancora le regole 'di altri tempi', in cui il fine non giustifica i mezzi ma aiuta ed è finalizzato alla comprensione di un fenomeno. Molti uomini, molte idee, forse disomogenee o caotiche in certi loro aspetti ma frutto di una passione, nate da un sentimento di conoscenza e da una volontà di comprensione che non ebbe più uguali. Menti distanti e pensieri diversi si scrissero, entrarono in contatto, scambiarono le proprie opinioni e materiali, un confronto intellettuale vivace e germogliante che vide come unica finalità la ricerca di risposte, la necessità di comprendere cosa si celasse dietro il mistero degli UFO.

---

29 Il bollettino *Cielo e Terra* fu diretto sempre dal dottor Giuseppe Lazzari.

Indice generale

www.ingramcontent.com/pod-product-compliance
Lightning Source LLC
Chambersburg PA
CBHW061315250726
48653CB00002B/947
* 9 7 9 8 3 3 5 4 5 5 2 9 9 *